学校の役割って何だっけ

竹村公彦
TAKEMURA Kimihiko

文芸社

まえがき

人は地球上に社会を形成して共同生活をする動物であり、従って自然の様々を知識とし、そこに生きる術を体得し、人と人間社会の様々についても、知識としてしっかり理解していなければならない。

こうした人の能力や特性のこと、そして社会のルールなどは、日々の生活を通して十分に知り、理解できるはずのものだ。しかし今日では、社会の変化により「自然に学べる」という情況ではなくなった。結果、かつては常識であったものが、わざわざ学ばねばならず、聞いただけでは役立つ知識にできぬことがある。たまたま失敗して、「なんだ、そういうことだったのか」となることが度々である。

かつて子供たちは地域に遊び場があり、大勢の子供集団の中に入って、日々思う存分遊び、様々な活動そして様々な気づきや工夫、または失敗など多様な体験をし、たくさんの知識を体得できていた。その上、集団生活では必然的に大失敗や大きな行事に加わるなどして〝人〟を知り、己を知ることができ、指導性とか企画提案力、判断力、協調性、責任感など、人としての成長を促される効果もあった。さらに、近所に友人知人ができることで、内向的な子供も就学時に何の抵抗もなく学校生活に入れるという利点があった。

日頃、満足感を味わって活発に活動できることは、子供の意思・意欲を大いに高め、資質・能力を一層高めさせる。また活発な活動は目標を見出させ、目標に向かって努力をさせる。就学前に思う存分様々な活動をして、たくさんの気づきをし、様々を悟っていると、就学後の学びを理解する上でそれが予備知識として働き、丸暗記ではない真の理解を可能にすることがある。そして、「自分は理解できるのだ」ということを知ることにより、自ら学べる自信をもたらす。

また昨今のように、「早期教育」などと言って幼稚園や家庭であらかじめ読み書きなどを教えていると、就学後、あれもこれも「知ってる」「読める」となってしまい、「退屈だ」「面白くない」となる。一方、何も知らなければ、「今日は1＋1＝2と、『あいうえお』を習ったよ」と、学校で学んで知った喜びを親に報告してくれるだろうし、「学校は楽しい」と思えるのではないか。そうあってこそ〝成果〟を望み得るものだ。知りたがる意欲、それは一食抜いたあとの食事と似て、嬉しさや楽しさを伴って取り組ませる手法になるだろう。

子供の学びというものは、求めに応じる手法（まず、子供の意欲が高まっていることが重要）が採られるべきだろう。それを今日の学校は「教育＝教えること」だとして、指導も「やって見せ、言って聞かせた上でやらせる」式の手法では、理解がいのことしかさせられない可能性がある。

それでは、成長後もマニュアル社会では活躍できず、情報社会では真に危うい存在（本人はもとより、関係する全員にとって）になる。その理由は、理解が浅薄で、場合によっては取り違いをすることになるからだ。本文中で詳しく述べるが、アベノミクスでは「デフレ」と捉えたばかりにとんでもない事態が進行中であり、今回のコロナ禍では、専門家の助言を聞いたのかどうか、聞いたのだとすれば、政府は正しく理解できなかったのではないかと思えるような状態を招いている。

古来、「二兎を追う者は一兎をも得ず」と言う。初期対応の不手際が無用の困難を強い、その失敗から経済重視を言って、さらに手に負えぬ困難を生み出そうとしている。緊急事態宣言の解除は当然だが、その実態には前提条件を整えねばならず、それを専門家から詳しく説明を受けたが理解できなかったらしく、しかも政府与党が一様に理解できなかったのか、無視された。

大災害が発生したこともあり、今を生きる大人たちの非力と無責任が、現在少年期にある人々やそれ以降の世代に巨大借金として残されるのをいささかなりとも軽減させるために、製造業には早急に、言い値で売れて大きな利益を得られる全く新規の製品を開発してもらわねばならない。言い値で売れる製品がたくさん開発されなければ、日本は破綻を覚悟しなければならないのだ。

　現段階で新規製品の着想が困難とすれば、今就学中の若者たちに、着想力や遊び心豊かな、開発提案力の優れた人物に成長してもらわねばならない。そして、学校はそれが可能になるように運営されねばならない。

　遊びが楽しいのは、多分頭をフル活動させるからだ。深刻になっても発想力は働かない。閉じこもり生活を強いられている今こそ、遊び心を最大限に発揮させ、新製品を考えよう。学校も、楽しさが基本になくては、学習効果は上がらないということを思い返す必要がある。

学校の役割って何だっけ◆目次

今、子供たちの生育環境が崩壊している

今日、この国を評価したらどのようなことになるか考えてみた。まず政治と行政についてだが、近頃の情況は、国民が安心し、信頼して任せていられるとは言い難い、ひどいものだ。内政・外交・経済・教育と、全般にわたってはなはだ好ましくない有様である。

それは、それぞれの部門に携わる人々の力量、資質の不足・不備に加えて、人としての資質（以後「人的資質」とする）の不備に起因し、むしろそれが主因である例が少なくない。政治や行政に携わる人々は、知識に関わる様々な資質（以後「知的資質」と略記）が優れると共に、人的資質をも最高度に成長させ、発達させてあるべきだが、今日は人的資質を不問のままに、知的資質のみをもって評価し任用するらしい部分に原因があると思える。

一方、今日一般的な人々においても、人的資質を成長させているのだろうか。それを成長させる場が備わっていて、有効に機能しているのだろうか。それが疑われる情況になっている。つまり、なぜか学校が蔑ろにされているのだ。

明治時代、新政府は学校制度を設け、民力向上を図ってきたが、昭和二十年代頃までは、人々は大自然の中で、そして実社会と密接な関わりを持つ生活をしていたから、そこに生まれ育った子供は、自然や実社会の様々、そこに暮らす人々の様々を日常的に目にし、体験して、いろいろな知識を得ながら成長することができた。

学校設立の目的は当然、国民全体の知識の向上と、知的能力の向上・改善にあったはずである。

人は社会生活をするのだから、より良い生活のために、社会をより好ましいものにする必要があり、そのために様々に工夫し、努力をする。そして、そのためには全構成員の資質が可能な限り良い状態である必要があり、好ましく協力し合うことが必要だ。

そうして人は、地球上に登場以来の時間をかけて、今日の段階にまで欲を進化させてきた。

より良い社会というものは、その欲を最良のかたちに進化させて、的確に発揮し合って初めて創り得るのであり、従って人は誕生後、成人するまでの間に、その資質（それには知的資質と人的資質がある）を可能な限り最良なものに成長させ、発達させねばならない（無人島に一人住むなら知的資質だけで足りるが）。

その資質は、誕生から成人するまでの間、特に少年期までに基礎部分を可能な限り高度に成長させ、発達させる必要があるが、それには他者の手が必要である。まずは家庭で、そして自力で歩き回れるようになった段階では地域の人々、特に年齢差のある子供集団と一緒に遊び、様々な活動をし、その他可能な限り様々な機会や場でたくさんの人々と関わって生活し、活動することで、成長させられ、発達させられるものだ。

つまり子供は、幼児期に可能な限りたくさんの友人知人（年齢差のある）を得られることが好ましく、地域の集団に加わってする遊びや様々な活動は大変に有意義であり重要である。子供には内向型と外向型があり、それは先天的なものらしく思われるが、内向型の子供には特にそれが重要のようで、そういった子供が幼児期を孤立したような情況で過ごすと、就学以降に、本来は不必要な困難（気持ちの上の）を負わせることになる。今日ではよほどその辺りに広い配慮が注意深くされる必要があるが、果たしてされているのかどうか……。それがないと、不登校や引きこもりなどをさせる原因になり得る。地域に大勢（たとえ一人でも）親しい友人が得られ、多様な人々と活動を共にする体験は、社会生活や社会人としての基本部分を、その知識を体得するためには必要不可欠なものなのだ。

五～六歳にもなると、親の手を長時間離れて自立し、自律的に生活できるようになり、集団生活に抵抗感や苦痛などを感じることへの心配がほぼ全員になくなる。その年齢を「就学年齢」としたのではないだろうか。就学に当たっては、当初から勉学に障害なく取り組めねば、目的とする全員の資質向上が果たせぬ可能性があるからだ。

子供たちが以上のような好ましい情況の中で思う存分に自由に活動できて、満足感や達成感をしっかり味わえて成長していくことができれば、心を歪ませたり鬱憤を生ませたり、それを蓄積させることなどがないから、就学後に「いじめ」をしでかす者を生ずることもないはずだ。それよりも、自分の目的に沿って思う存分活動することや、物事への関心度や知りたい意欲が発達する。それが就学条件の根本だ。そもそも生まれながらのいじめっ子は皆無なのだ。

学校で学ぶ知識や法則、理論は、先人が大自然や実社会での様々な体験、そしてその体験で得た〝有様〟を系統的・形態的にまとめたものなので、子供がそれまでに多様な体験をしていれば、具体例を引用すれば容易に納得してくれる。かつて授業はそのように行われるものではなかったか。従って勉学は「暗記するもの」ではなく、応用が利いて、面白く、楽しく、さらに意欲を高めさせるものであったはずである。まずは思う存分遊んでおくことが大切なのだ。

しかし今日の子供たちは、残念ながらそうした体験ができず、理解のための予備知識を得られていないままに勉学に取り組まねばならぬという、気の毒な情況にある。そのため、仕方なく「暗記すること」に頼るほかなく、それが勉学を退屈で味気ないものにさせているのではないか。

人が社会生活をするには社会の様々を知り、多様な人々の生態、様々な言動などに接して〝人〟を知り、翻って己を見つめ直し、自らの言動・所業に活かすなどして人的資質を発達させていくのが好ましいが、それもはなはだ難しい世の中となった。そうであれば、学校はことさらに人的資質を成長させ、発達させる場として機能するべきなのだが、そのような議論はなく、そのような考えすらないらしい。果たしてそれで良いのであろうか。

格差社会を正常な社会へ

米国は先の大戦中に工業力を飛躍的に発展させ、科学技術を進化させた。戦後は自動車や電化製品、化学製品などを広く世界中に供給し、繁栄した。日本は戦争で貧困の極に陥ったが、朝鮮戦争で米軍特需を受けて早期に工業力を回復させ、昭和三十年代には経済も随分回復し始めた。それでも、工作機械などは欧米製でなければ良い加工ができないという情況であり、普及し始めた自動車も欧米製、特に米国製乗用車は憧れの的となっていた。

それが昭和四十年代に入ると、日本製の工作機械が優秀になり始め、やがて「日本製のほうが良い」と言われるまでになった。乗用車も同様で、米国では日本車憎しと〝日本車潰し〟がされるほどになった。

好調時に大量生産で巨利を手に成長したものが、日本などの参入と進化で競争が激化し、値下げが必要になった。まずは生産などの合理化で、次いで労賃引き下げからリストラ、さらに非正規雇用制を導入し、最後にグローバル化方式を導入した。供給が需要を上回る市場成熟段階に入ったわけで、企業としては別の新規製品を開発するべきであったが、自動車に代わる有望な新製品を着想できなかった。

一方、生産・加工システムの飛躍的進化は、技能工のいない国・地方での加工・生産を可能にしたため、低労賃を求める工場移転を誘発し、米国を先頭に先進工業国の工場の海外流出が始まった。それは企業に収益維持をもたらしはしたが、関連企業は仕事を減らされ、あるいは失って、社員は仕事と収入を失った。国内は低労賃化し、繁栄社会は衰退し、富の極端な偏在が生まれた。

これは、国内市場が成熟化し、買い替え市場化し、値段での競争となって生まれた事態であり、先にも書いたが、製造業が新規製品を開発する考えを持てず、収益維持で株主の要求に応える手法を採った結果である。残念ながら今日もそれは続いている。

製造業は、魅力的な全く新規の製品を開発すれば、言い値で買ってもらえて大きな利益を得ることができる。それが今日の豊かな社会を招来させたが、その繁栄部分は衰微した。その後はグローバル化が後発生産国を市場化させ、それを成長させた効果が欧米や日本、そして今や中国などの輸出型企業に収益をもたらして、日本では「空前の好調」と言うが、それは株式市場を巡ってのことで、正しくはない。

それは高度成長期後、急速に進んだ市場成熟で需要が落ち込み、以来値下げをし、補助金を付けるなどしなければ物が売れなくなっていたが、それを「デフレだ」と錯覚したことから始まったアベノミクスが招来させたものだ。

デフレならば、と通貨供給を増大させる政策を採ったのに、日銀が低金利策で追随した。その結果、為替市場で大幅円安を招来させ、それが海外市場での販売益を水膨れさせる結果を生み、企業はそれを内部留保し、株主に高額配当を行った。

株価は上昇し、その辺りをもって「空前の好景気」と言わせ、首相は「最早デフレではない、デフレから脱却させた」と誇る。しかし残念ながら、国内は依然買い控え市場であり、「そのうちに二％値上がりするはずだが、なぜかなかなかそうならない」との感想が述べられる情況のままだ。

その理由は、そもそもデフレではなかったからだ。物が買われない理由は、市場が成長力を失ってしまっているから、即ち、買いたい品物がなくなってしまったということである。物は既に個々の手元に溢れており、敢えて買いたいと思うほどの物がないのだ。期待した結果は生まれなかった。

「デフレを脱却させた」「デフレ状態ではなくした」と自画自賛するが、成熟市場はそのままで、需要増（海外客による円安効果での需要はあるが、別物である）は生まれる情況になく、完全な誤認である。

今、政府が努力すべきは、製造業に対し、従来にない全く新規の製品を開発して市中へ流通させるよう促すことである。それを言い値で売れる情況を創出させることだ。それに応じない大企業は税率を元に戻すべきだ。

今、大概の企業は研究開発部を持っていて、そこで専門的に開発に当たらせているようだが、それはそれとして、昔のように全社員から思いつく案を提出させる手法を復活させることだ。原価数百円、数千円で数千万個（台）売れるなどの製品を念頭に置くことだ。提案力・着想力は〝募集〟という刺激なしには育たない。今日はその基礎力が衰えているかも知れないが、世界で初めて小惑星から表面物質を地球に持ち帰った「小惑星探査機はやぶさ」の開発などの例もある。この三十年ほど活用してこなかった能力の活用を復活させる必要があるのだ。

問題は、世の中には既に様々な製品が出回っていて、全く新しい着想の余地は多くはないかも知れないことだ。自動車であれば、今からは燃料電池車だけに注力することだ。今のところ最も競争が少ない。また、砂漠で太陽光と風力を活用して発電し、海水から水素を生産する工夫をすれば、CO_2対策と電力の高効率確保から、原発処分への資金も生み出しやすくなるのではないか。そうした立場に立って考えれば、各種各所に新しい可能性が生まれ得る。

それには柔軟な頭脳が不可欠である。

かつて子供が生活のために家の仕事を手伝い、暇ができれば近所の大勢の子供たちが一緒になって遊び、様々な行事や活動をしていた時代では、必然的に着想力・提案力、そしてそれらの基本となる遊び心を豊かに育んでいた。しかし今日はそれがほとんどなくなり、テレビゲームなど着想力を損なわせかねない遊びばかりに興じているのではないかと思われるような社会情況に至った。

そうした現状において学校は、人が子供時代に成長・発達させておかねばならぬ資質を確実に身につけられる機会や場として機能する必要がある。

今や社会は、従来存在しなかった全く新しい気づきや発想を必要としている。ということは、常識を外れた思考や発想での試行錯誤が必要だということである。

これまでの常識では、学校は子供たちに、校則や様々な約束事を守らせ、悪戯は禁止としてきた。しかしそれは必要な能力の成長・発達を妨げ、肝心で不可欠な能力が身につかなくなる不適切な手法だということに気づくべきだ。今日の子供たちに必要なのは、常識外れの発想をし、活動をするということである。従来はそれを「悪戯」と言い、またかつて人は、特に子供時代には常識外れに挑戦して新発見をし、全く新しい知見を手に入れて進歩してきたのだから。

原発開発も、「はやぶさ2」による「小惑星リュウグウ」探査も、常識外の発想によるものと言えるものだ。原発はやはり駄目だったが、「はやぶさ」による探査は偉大な資産を残した。

珍しがり、不思議がり、面白がり、知りたがるという子供の本領を最大限に発揮して、思う存分活動をし、たくさんの気づきをすると共に、様々な疑問・課題を発見し、遊び心を大いに豊かにしてもらう。それは将来、自分たちの手で自分たちの社会を好ましいものにしていくための基礎力の養成であり、それが満たされるように協力することが、親世代の責務である。

暗記型勉学を強いて、教科の全てで百点を取る能力を得ても、遊び心や発想力が備わることはほぼない。一方、思う存分様々な活動をして活力が高まり、何かに気づいて目標を持つなどすれば、勉学面での能力は自発による分、より良く高まる。しかも「悪戯」と評されるような活動で、痛い思いやつらい思い、大失敗を重ね、人に迷惑をかけることなども伴う体験をすれば、理性や責任感、洞察力や判断力などの他に、我慢強さや抱擁力、協調性など、人としての性質を好ましく成長させ得る。それらは本人自身にとっては勿論、周囲の人々や社会に対しても好ましい成長となる。

学校は、そうした人物を輩出するよう機能し、運営されねばならない。それが、格差社会から正常な社会へ復帰させせる条件なのである。

〝ヒト〟を人へと進化させたもの、そして進化で人が手にした資質

人は類人猿などと共通の祖先を持ち、その大元はねずみのような存在だったとか。そうした中から人は、今日の段階にまで進化をしてきた。そこにはそれを可能にした〝力〟が存在したはずであり、それは人と猿などを比較すれば明らかだろう。猿は人と異なり、花や宝石や絵画を賞し、鳥や虫の声、風の音などに風情を感ずるようには見えない。

一方、人はそれらを我が物とまでする。多分〝猿〟であった段階ではほとんど差のないほどの微かな違いだっただろうが、ヒトは〝欲の卵〟を備えていた。それが数百万年か数千万年の間に徐々に発達し、約二十万年前にはホモ・サピエン

スへと進化した。

欲の進化は思考を豊かにさせ、活動を豊かにさせ、さらに欲を進化させ、今日の機械文明を誕生させるまでになった。その結果、人は、そして人間社会は、欲のありようで全てが定まることになった。

人は、社会を形成して全員が協力し、共同責任で生活をするから、各人が利己的にならず、互いに資質・能力を最良に発揮し合えば、素晴らしい社会で生活できるはずである。従ってそのためには、各人は自身の最良の資質（人的資質と知的資質）を備え、最良段階に発揮するべきだ、ということになる。

では、その〝資質〟はといえば、基盤部分は遺伝因子によって受け継いでいるが、ほとんど全ては後天的に自ら成長させ、発達させて手に入れるものであるという。それが、生後一年ばかりで脳の大きさが成人の七〇％ほどにまでになる理由らしい。それは、およそ以下のようである（詳しくは、子供の脳や体の発達に関する専門書をご参照下さい）。

まず、誕生少し前、母体の中で母親を通して受ける刺激により、脳神経回路が成長を始める。誕生後は毎日の生活でもたらされる様々な刺激に対応して脳の成長が始まる。好適な刺激が受けられれば、それに応じた成長をする。生後二ヶ月ほどもすると物事への関心度と感性が進化し、脳がさらに発達する。脳の進化・発達は刺激に対応する。母親との関係が最良の刺激なので、従って母親は様々多様な機会や場、そして様々な作用力を利用する。親以外にも様々な人の手へ受け渡され、都度様々な扱いを受ければ、親からもたらされる刺激とは別の体験をする。日々そうした刺激を受け、体験ができれば、脳の成長・発達は早まり、生後半年もするとごろごろ転がったり、ハイハイをしたりし、一年もすればつかまり立ちをし、伝い歩きをするようになる。

物事への関心度が発達すれば、知りたい欲から活動は活発化し、目につき、気づいた何にでも、「知りたい」「確かめよう」という行動をする。これは当たり前のことであり、極めて大切なことである。この場合、親はつい不注意で物をひっくり返されたり、落とされたり、破られたり、汚されたりするなど思いがけぬ事態に遭い、子供に痛い思いや、やけどなどをさせることもある。しかしそうした場合でも、叱ったり、「ダメ」などと抑制・禁止するなどはしてはならない。子供にとってはそれも貴重な体験であり、様々なことをそれらから学んでいくのだ。〝危険〟は、子供が軽度な段階で体験できるよう、親が配慮工夫するのが当然である。

人は体験しなければ知ることができない。たくさんのことを思う存分な活動によって知り、満足感を味わわねばならない。子供が自分で自由に動き回れるようになったら、自然の中や人間社会の様々な場で活動して様々な体験ができるよう、親が協力してやるのが望ましい。そして友人知人（できれば近隣地域に）をできるだけたくさん得て、日々思う存分遊び、様々な活動ができるよう協力してやる必要がある。

様々な人々、大勢の人々と、楽しく思う存分活動をすることは、一人でじっとしていては不可能な様々な気づきをさせ、思考力や洞察力、判断力、企画提案力、着想力などの他、人間性に関わる資質をも発達させる。

社会生活では他者から信頼を得ることが基本であり、信用されなければ自分の能力を活用できない。様々な失敗をしつつ、たくさんの体験を積んで、自分の能力・資質を悟り、さらに努力して能力を向上させ、実力を拡充することが、活躍の基礎力をもたらすのだ。

よく「三つ子の魂百まで」と言い、スポーツ選手や芸術家などでは三歳頃にして既に抜きん出た異能ぶりを発現させていた、などと語られる。それは、日々の生活が子供に及ぼす刺激が、そのような成長・発達をさせる効力をもって作用していたということだ。だが、一般にはなかなかそのようには生活できない。

例えばアルキメデスやソクラテス、ガリレオ、ダヴィンチ、エジソン、アインシュタインなどといった人々などの偉才の脳は、どのような条件下で発達したのだろうか。おそらく思考欲がもたらした成長だろう。また、法隆寺の五重の塔は千三百年以上も前に異能の人々によって建立されたものであるが、人の脳は必要を感じ意欲的に働かせれば途轍もない能力にまで発達することを示す一例だ。それには乳児期、幼児期、少年期の脳の発達のありようが重要なのだ。

その意味で「早期教育が有利」とされている風潮があるようだが、それは有害にして無益なものではないかと私は考える。かつて、とある幼稚園で、園児を少人数化させ、若く元気な先生が積極的に関わったところ、先生は大人気となって、大好きなその先生を巡り園児が互いにライバル関係化し、それまで友達同士だったのが仲違いをして登園拒否まで生じた例があると聞いた。また、「早期教育」で様々なことを学んで就学した一年生が、「それ知っている」ということばかりなので学校の授業に興味や意欲を失ったという例もあるらしい。

当然のことである。今日は地域に子供たちの遊ぶ場がなくなり、友人を作り難い情況にある。そうした情況では、幼稚園は地域の子供全員が同じところに通い、思う存分遊びを中心とする実体験ができる場であるべきで、また、自分の名前が書けなかったり、ひらがなが読めなかったり、「1＋1＝2」を知らなくてもいいのだ。小学校に入ったら、「今日はこんなことを習ったんだよ！」と目を輝かせて親に報告し、「明日は何を習うのかな？」と登校を楽しみにできるようであるべきだ。意欲満々な性格に成長していれば、面白がり、知りたい意欲から、三〜四年分は短期間に身につけてくれる。

富山和子氏の『ひみつの山の子どもたち』（初版：講談社／新版：童話屋）という、自然の中で学んでいく子供たちを描いたドキュメント本には、こんなエピソードがある。ある時、子供たちの「体育館にあるピアノを使いたい」との要望に、先生が「いいよ」と言ったところ、子供たちはやがて和音を見出し、作曲をしてみせたという。それが小学三年生のことであり、先生はその急成長に驚いたということであった。

それが人であり、人の脳なのだ。しかしこの本で語られている話は、学校にまだまだ自由があった頃のことで（初版一九八四年）、今日ではおそらく不可能なことなのではないかと思われる。本来、学校は異能・異才・偉才・偉材を輩出し、子供たちが十人十色に成長していくよう機能し、それを実現するよう運営される義務があるはずではないかと考えるが、現在、それはないようだ。

また、人は早ければ十二〜十三歳、少なくとも十五〜十六歳で大人化し得るもので、江戸時代には十二〜十三歳で元服し、一人前とされて家督を相続した例がある。環境や扱われ方によって人は早く大人になるのだ。かつては盆や正月に、父親に代わって息子に親戚回りをさせたのは成長させるためであったし、それはとても有効なことで、実際、私は兄がそう扱われているのが羨ましかった。

しかし今日は二十歳にもなった者を子供扱いする物言いがされ、本人たちもそう認識している感がある。そうさせる原因は、親が自分の体験から、我が子に気持ちが向かい、ついあれこれ口を出したくなり、やがてそれが指図や命令へと進むのだが、それを子供への愛情と勘違いする、「子供のためなんだ」と思い込んでいるからだ。その結果として、子供は自立できない、親は子供離れできないということになる。

それは〝人間の特性〟を悟れていないからであり、それを学べる場も機会もない中で社会人となり、親となった結果だ。

動物であれば、年齢とその〝能力（本能）〟は対応して備わる。しかし人間は、動物であると共に〝人〟である。人では、本能以外の能力・資質が自然に成長・発達することはあり得ず、人として進歩し成長するには、その目的に向かっての努力を必要とする。修験者はその例であるし、遍路もそうした目的の行為だろう。

私の友人から、荒業を積まれた僧は御身に厳かな雰囲気を漂わせておられると聞き、仏像の光背はそれを表したものかと想像したことがあるが、現代にはそのような聖者の講話が必要なのではないかと思う。

自由だ、権利だと言うが、それは「勝手」ということではない。子供たちには、学校で思う存分に様々な活動をして、そのことを悟ってもらう必要がある。それは、大災害への対策上も不可欠なことである。例えば、土砂災害や河川の氾濫、津波による被災が警告されている状態でも、「平気だよ」と構えるのは勝手だし、それは自由であり権利であると考えるかも知れない。しかし実際に災害が発生すれば、自分が被災して大損害を被るばかりか、社会に本来は無用なはずの負担をかけることになる。そうしたことを「権利だ」と言えるものかどうか。それは思考のありようによる。

勝手な振る舞い・所業ということでは、近年多発している親による子供へのしつけ（躾）も重大問題である。本来は毎日の生活で、家庭で、そして世間で、子供が人々の言動や様々な場合の行動を見て、時と場合、場所によって社会には様々なルールが存在し、どうそれに備え対応するべきかを悟って常識とするものであり、仮に何か不十分があって子供が失敗したとすれば、その原因は未体験で初めてのことであるからだろう。子供は目にし、悟ったことはそのまま発現させる能力を備えている。我が子が初めての出来事に戸惑って失敗したとすれば、その体験をこれまでさせてやれていなかったことを親が反省するべきであり、しつけができていなかったという話ではない。

また今日は「虐待」の口実にしつけが使われてもいる。子供が親に反抗したとか、言うことを聞かず違うことをしたから、などがしつけと称した虐待を行わせている。しかし、子供がそのような言動をするそもそもの原因は、親の子供への言動が不適切であるということ、つまり子供の意思・意欲に反することを親が言ったりやったりするからである。しつけを口実にした虐待は、暴力であれば親のほうが圧倒的に腕力が強いからであり、さらには親権だと称して行う親の身勝手な行為である。

しかし、親はそれで気分が晴れるわけではなく、逆に自己嫌悪に陥って悪感情はますます昂進してゆく。多分、脳がそのように働く状態になっているのだろう。何かの折にイライラし、子供につらく当たるような情況にあるとすれば、それは心の治療を必要とする状態なのだ。

そして、そうなりやすい人々は、子供時代の生活のありように問題があったのだろうと私は推測する。正しくは専門書によって確認願いたいが、子供時代に自主性を存分に発揮して、やりたいこと、好きなことに思う存分挑戦し、満足感や達成感を堪能し、一方で大失敗も経験するなどして、理性や様々な〝人として〟の資質を発達させられていないのだ。

我が子に当たり散らしてしまいそうな心境になったら、例えば大声を出せる場所へ行って思う存分大声を出してみることや、全力で走ってみるといったことをしてみてはどうだろうか。五～六回も大声を出し、三～五回も全力で走れば気分はすっきりし、そのあとはすっきりとした気分で子供に接することができ、子供の様子も変わって、怒りの感情は消えるのではないかと想像する。

子供が何か失敗をやらかした時、すぐにカッとなるとすれば要注意。一度唾をごくんと飲み込むと、多少なりとも気分が落ち着く。そのあとは、「失敗しちゃったね」と明るく言いながら笑顔で接すれば、子供はそれで貴重な学びをしてくれる。

人は体験によって学ぶのだ。その結果、洞察力や判断力を発達させるから、やがて失敗をしなくなる。子供の心を歪ませると、わざと失敗をする。それを繰り返していると、好ましくない性格を身につけさせてしまう。

親は自分の子供が成人し、社会人となり、親となる時、どのような人に成長しているのがいいかを考えて、その〝目標〟を達成させられるように日々つき合う必要がある。それが親の責任だ。

人の資質の発達と親の役割

人は物事への関心度が高まり、知りたい、確かめたいなどの意思・意欲の発達と共に自我も発達する。そして、積極性など様々な資質を発達させる。自我を存分に発揮できてこそ、様々な資質を好ましく、また大いに成長させ、発達させられる。

それを挫くのは愚かな行為だが、親はつい「危険だ」「汚いからやめなさい」などと、他にも様々な親の感情や都合で子供の意思・意欲を挫いてしまう。事によると水族館のイルカやアシカなどと同様に、調教によって真面目でおとなしく、親の言うことをよく聞く従順な〝良い子〟にしてしまっていないか。

そういった子供は親の前では〝良い子〟でも、親の目が届かない場所では、反動でなんらかの憂さばらしをしているかも知れない（学校でいじめをするなど）。

あるいは少年期は問題なく過ごせても、社会人になったり、結婚をしたり親になったりしてから、DV、パワハラ、ストーカー行為などをするようになったり、または特殊詐欺などの犯罪に関係するかも知れない。子供がもともと外向的で活発な性格であれば、心を歪ませる可能性は低くなるかも知れないが、もし心を歪ませてしまうと、暴走行為のようなことをするかも知れない……。

とにかく、人は〝心へのジャブ〟が続くことに弱いのだ。親は子供によかれと思っても、細々とした物言いはしないのが最良である。子供本人が気づいて行動し、〝結果〟に出合って様々を学び、親はそれに対して、「よかったね」「楽しかったね」「上手だったね」「失敗しちゃったね」と応じてやることだ。

子供が自分で体験して様々なことに気づき、悟ってくれてこそ、洞察力や判断力共々、貴重な威力ある知識にできるのだ。せっかく自然の中に行っても、親はよく、「木に登るな」「川の近くへ行くな」「蜂の巣の近くへ寄るな」などと言うが、それでは何の勉強もできない。上手に体験させてやれれば、危険がないように対応できるようになり、必要に応じた知識の活用ができるようになる。なぜ危険なのか、どう危険なのかがわからなくては、本当に危険に遭遇した場合に対応できない。また、知らなければとんでもない〝悪用〟をし、その上「危険だとは気づかなかった」と嘯《うそぶ》きかねない。「考えもしなかった」「知らなかった」が無罪の理由とされてはならない。

要するに、毒と薬は同じ物だということだ。量と用い方によって全く正反対の効果をもたらす。例えば、歓楽街は子供には好ましくない作用力を及ぼすから、親は避けさせる。確かにそうだろう。しかし、その歓楽街の〝雰囲気〟を多少なりとも知り、そこから様々な想像や洞察、判断をして、それなりに悟っておいてもらうことは、子供の将来に有利をもたらす場合もあり得る。

要は、子供が自主性に富み、明朗快活で高い目的意識を持って意欲的に生活できることが大切なのだ。自主的な思う存分の活動から、いろいろな失敗を重ねて学べば、「うっかり」や「思考不足」「注意散漫」などをしない人間に成長する。

一方、親が子供にいつもわかりやすく細々と解説し、手本を示すなどをしてからやらせるということをしていると、子供の自ら考えて答を求める能力の成長を妨げ、言われただけでは理解できず、読んだだけでは何もできないとする非力者にしてしまい、社会人になっても「周囲の人たちが教えてくれない、指示してくれないのは悪意があるからではないか？　意地悪ではないか？　いじめに遭っているのではないか？」などと考えるような人間になりかねない。

一見親切そうな〝丁寧〟な扱い（多くは、わかりやすくて優しい指導と思えるもの）が、逆に非教育的なことになる場合がある。「ちゃんと言ってくれなければわからない、わかるはずがない」と思わせることは駄目なのだ。

では次の項では、そのような〝人の資質〟に問題があったために起こったのではないかと考えられる、実際の事故例を示してみる。

〝人的災害〟と言える事故の数々

人的資質の未熟さが原因の事件は、今日、この国には様々なところで頻繁に起こされているが、事件を起こした当事者は惨めで哀れなばかりか、社会に及ぼす影響も極めて大きく重い。ここでは、そのうちの重大なものを取り上げてみる。

コロナ禍は為政者の人的資質の未熟が招いた

まずは今回の新型コロナウイルス感染症に関連してだが、事は未知のウイルスのこと、一個でも入り込ませてしまえば細胞内で増殖し、やがて体外にも放出し、拡散されてしまうという、やっかいで危険な性格が相手である。感染していても無症状であるとか、発症しても重症化しない人もいるらしいとは言われているが、実態が解明されていない以上は、万一のことを考えた対策が打たれる必要があり、当然、専門家を前面に立てて、感染を局所に留める工夫と努力がされるべきであった。

しかし、最初に全国民に対処法と心構えを周知徹底させることは行われず、「様子見の情況次第」といった曖昧さを感じさせる対応だった。そして封じ込めに失敗し、重大な事態を招来させた。

古来、国家の安全のためには、優れた将軍を求め、その指揮・指導の下に政治は行われてきたが、今日ではせっかくの能力を活かさず、取りも取れもしない責任を言って己の非力に気づけぬ為政者が多くなったように思える。

コロナ禍が今後も繰り返される危険が高いとあれば、目前の事態への対処に併せて根本策をも考え、事態を終息させる手段とすると共に、将来への備えとするべきである。前回（我が国での発症はなかったが）にそれを怠ったことが、今回悪影響したと言われるのではないか。

そして新型コロナの問題は、他の災害にも関連している。

今や世界の海面水温は、この百年ほどの間に約0・5℃上昇し、日本列島周辺では、場所によっては1℃近く高くなっているという。それは、令和元年の猛烈豪雨や台風による大災害を遥かに超える災害をもたらす可能性を示している……と、そのような警告が存在するらしいのだが、日本は国としてこれを公表していない。しかし今のコロナ困難時に、その警告どおりの大災害が発生した場合、どうするのか。

「三密を避ける」や「ソーシャルディスタンス」などのコロナ対策の影響で、これまでの避難策は適用できない。即ち、津波や河川氾濫に対する「避難所などへの避難」は対策として用いることができないのだ。そうなると、水没の危険性がある土地への居住は不許可とせねばならないということになる。国は全国民にそのように勧告し、誘導し、命ずるべきであろう。

令和元年に引き続き、本年も同一地が被災し、その上に新たに広大な被災地が加わる事態が起こったら、どうなるか。その重大さ、困難さを国民に周知させ、的確な行動をさせるのは、為政者の権限と責任であろう。

またこの場合、明らかな危険地と承知の上でそこに居住する者が被災した場合に、補償を求める権利を有するとするべきものかどうか。そして、その危険地を居住地として許可した役所の許可証に、そのことは記述されているのか否か。社会に無限の〝力量〟が備わっていれば論外だが、十分予測できる被災は、万一の事態とは異なる。不可抗力ではない「予測されている被災」は、当事者自らがそれに十分な備えをしていなければならないはずで、それは社会人としての当然の義務だろう。ただ、そうできるのは、管理者が事前に当事者に十分な情報提供をし、十分に事情を承知させてある場合だ。

ウイルスは、たった一個でも問題になり得ると私は理解している。その立場から言わせていただくならば、国が甘く楽観的な面がよりはっきり伝わる公報をしたことが、善意によるところがあったにせよ、元気な人々に軽挙をさせ、自己優先の活動をさせたということだ。

その結果（まだ途中ではあるが）、弱者の経済は取り返しのつかぬ深刻なものだ。東日本大震災における原発事故同様、今回も、負えるものを拒んで負い切れぬ事態を招来させたわけだが、権力の浅慮は本当に恐ろしいものである。

福知山線脱線転覆事故

次はＪＲ西日本の福知山線脱線転覆事故（二〇〇五年）である。

この事故は、定刻より遅れを生じた列車の運転士が、それを取り戻さねばとしてスピードを出し、線路のカーブ部分で遠心力のために横転したものだ。

鉄道の安全は、列車の発着がダイヤどおりに行われることによって保たれる。当該列車は通学・通勤客で混み合う時間に事故を起こしたのだが、この時間帯の大幅遅延は常態化していて、不幸なことに該当列車も、前の駅を一分二十秒遅れで発車したらしい。

会社側は遅延を起こした者に「日勤教育」なる懲罰のような教育を課して、二度と遅れを起こさないように強要した。その挙句の発車遅れが暴走をさせたのだ。本来は行うべきであろうダイヤ改正や車輌増結などは行わなかった。その事情を社長が知らぬはずはなく、また鉄道に関しては第一級の専門家でもあった社長が、該当カーブの危険なことは百も承知であったはずだ。しかし、「そのように理解はしていなかった」と平然と無罪を主張して退けた。そして、不思議なことにその主張は通り、社長は無罪となって、事故は運転士の悪質運転によるものということになってしまった。なんという社会だろうか。

笹子トンネル天井板崩落事故

笹子トンネルで天井板が一四〇メートル近くにわたって崩落するという事故

（二〇一二年）もあった。

　その原因は、不確実となりやすいコンクリート製の天井板に、他の安全策を加えぬまま天井板吊り棒をトンネルと接着剤によって固着した設計にある。通常、確実な安全のためには、トンネル本体に組み込まれた骨材に吊棒を確実に取り付けるだろうが、そのための長さと曲げ加工などを節約するため（？）に、コンクリートに開けた穴へ棒を差し込み、接着剤で固着した。

　しかし、それでどれほど安価化できたのだろう。その利益に較べ、発生した損害は桁違いに巨大な上、犠牲者まで生んでしまった。そのような設計を、誰が提案し、誰が承認し、誰が許可したのか。かなり高確率で危険が予想される上、事故発生となれば、はなはだ大事となることをだ。また、万一ボルトが抜けても事故には至らせぬ工夫がしてなければならぬはずだが、それもしていなかった。

　これは完全な不良設計であり、点検者の手抜きや落ち度が原因などではないにもかかわらず、その明確な責任は不問とされた。なぜだろう。

熊本地震でのマンション被害

次に、熊本地震（二〇一六年）の時のことだ。阪神淡路大震災の教訓から建築基準法が改正されたが、その基準によって建てられたマンションが、熊本地震で破損して使用不能になった。

原因は、改正基準法が不備だからだ。根本的な改正とはしなかったためだ。床梁に鉄筋コンクリートを適用することは、双方が欠点を補い合って特性を発揮する優れた構造だが、柱や壁は鉄筋に十分な剛性を与える工夫をしなければ、安全を確保できない。壁を多くし、面積を大きくしても、鉄筋が曲がりやすいままでは補剛効果が得られず、破壊される。対策は、筋交《すじか》いを加えるか、主筋《しゅきん》同士を継ぐ帯筋《おびきん》を主筋より高剛性化させ、両者を完全一体化させて、隔壁効果（細い主筋を帯筋間の短柱とした時の剛性同様にする）を発揮させることである。

しかし実際は、改正後も筋交いを配置することにはされず、帯筋との結合も依然、針金による結束方式のままであり、その上、帯筋の剛性を大きくする定めとしなかったらしい。補剛効果が発揮されないのでは、コンクリートがせん断破壊するのは当然である。

また激増した高架道路で、近年は橋脚が四角断面のものが主となったようだが、上部から根元部まで同一寸法なのはそのままである。筋交いを加えてあるのかどうか……。背の高いものは横転しかねない。短柱も筋交いを欠けば大寸法でもせん断破壊しかねない。橋脚を二本とし、開脚門型構造になぜしないのだろうか。安価のためだが結果として「逆に高くついた」とならぬことを、事故とならぬことを祈るばかりだ。国の定めた基準で、それに従った設計で事故を生じては大変なことになるが、どうなのであろうか……。

姉歯耐震構造計算書偽造事件

次も、建築に関連ある例を取り上げてみる。それは大量の不良建物を生んだ、姉歯建築設計事務所による、耐震構造計算書偽造事件である。

これは、鉄筋が不足していて強度不足となっている建物を、強度が足りているとするように姉歯建築士が計算書を偽造していたものと結論づけられ、幕が引かれたが、その判決は正しかったのだろうか。

建築士が単独で耐震構造計算書の偽造をしても、全く利益を手にすることはできないであろう。鉄筋を少なくし、ピンはねで利益を得ることができるのは、施工者か仲介者がその建築士に働きかけ、共謀した場合である。つまり、偽造計算書は建築士によって自主的に作成されることはあり得ず（それが一件だけならば、関係者への恨みなどが原因で、ということもあり得るだろうが）、それがされたということは、関係者から脅しか、強烈な依頼があってのことだろうと考えられる。

さらに問題なのは、着工に当たっては役所の許可が不可欠であり、姉歯事件の場合も設計の合否審査を受け、合格の判定を得ていたにもかかわらず、完成した建物に設計不良が多数見つかったということだ。審査を受けたあとに図面や計算書は改作されてはいなかったらしいのにである。

ということは、役所の審査は行われていなかったも同然ということであり、これは全く責任を果たしていない詐欺行為と言える。それも大量に行われていたということだ。そこを突かれた当事者は、「多忙を極め〝右から左へ〟式に処理せざるを得なかったからだ」と答えたとか……。役所ぐるみの違法行為が続けられていたのだ。それが全く問題とされなかったのはなぜか。

日本は法治国家だと言うが、日本の役所は信用できない機関であることを天下に知らしめた許すべからざる犯罪行為だ。しかしこの事件は、建築士一人を人身御供のように犯人にし、そもそもの犯人たちを不問に付すという、不思議極まる形で終結させられた。

物流トレーラー、トラックの横転事故

経済の、そして工業生産のグローバル化で膨大な物資が世界中を移動し、その物流にコンテナ方式が導入されて久しい。国内でも巨大コンテナがトレーラーで陸送され、同時に道路事情もあって、物流の始まりから近年まで、トラックなども含めれば、コンテナ輸送中に多くの横転事故が発生している。しかし、国は未だに防止策を講ずることなく、成り行き任せにし、事故が起きても運転手と運送業者を犯人としている。

横転は慣性力による横向きの力が原因であり、それに持ち堪えることができれば防げるものだ。コンテナの重心の高さと、重心位置が前後のどこに、そして左右のどこにあるかによっては、車線変更で、それも右側か左側かのどちらかにより危険な場合がある。それは車速によっても大きく変わるため、走行開始前にコンテナ毎に道路事情と対応する走行速度を詳細に、明確に示し、運転手にはそれ

に従った運転をさせる必要がある。かつては担当役所が許可証を発行していたが、そこには〝肝心な〟指示は全くなく、空手形だったらしい。かと言って、申請されていなければ、それを犯罪としていたという。よくもそんなことができたものだと思うが、長年その〝偽装安全策〟がボーナスの対象になっていたと思われる。役所とはそういうところなのだ、と思わせる例だ。

トレーラーの左右の車輪間隔が今よりも二倍ほど広ければ、大幅に事故は減らせる。その意味で車体の構造自体に欠陥があるのだ。しかし、車輪間隔を二倍にはできぬため、車速で安全化を図らねばならない。そのための重要資料となるデータを荷主に明示させるか、それが不可能であれば、荷揚げからトレーラー出発前までのどこかでデータ採取をするべきである。計量台で前後左右それぞれの重量を計り、次いで左右に一定角度傾けてそれぞれの差を求めれば、必要数値が得られるだろう。コンピュータを活用する時代である。

また、トレーラーやトラックには速度自動制御装置を付け、運転手の意思によらぬ安全走行が可能となるよう、当初から進めることが監督者の責務であろうに、そうした思考はしなかった。道路設計者・道路管理者との連携を取ってはいなかったらしい。それぞれが「俺の職場」「俺の権限」という発想しかなく、結果として〝勝手〟と言える様を生み出し、事故を生んでいるのである。

流水プール吸い込まれ事故

とある流水プールで、吸水口に子供が吸い込まれて亡くなるという事件があった。水を循環させるための循環水吸込口の大きさが、それに続く吸水パイプと同じ大きさにされていたことが原因である。

水は、同一流量でも流路面積が大きければ流速は小さく、流路面積が小さければ流速は大きくなるということを、多くの人々が体験しているだろう。流体力学を学んでいれば理論としても承知しているはずで、プールの設計者であれば必須の知識であり、責任（資格）の条件であろう。しかし、実際は危険な構造に造られていた。

なぜ吸水口の面積を何倍かに拡げていなかったのか不思議である。吸水口とパイプが同じ大きさであることが危険だということを、関係者が誰一人体験したことがなかったために、施工でも、完成を目にしても、そこを訪れた一般の人々も、危険と認識できなかったのだろう。それは「学問が役に立たなかった」ということでもあるのかも知れない。

さらに、事件後はプールを廃却してしまったというが、なぜ吸込口を拡げて利用しなかったのだろうか。子供が亡くなった施設を目にするのがつらいという声もあったのかも知れないが、尊い犠牲を払って得たせっかくの教訓を、なぜ大切にしなかったのだろう。それは、亡くなった命を無にするに等しい行為、考えではないだろうか。

海底トンネル工事中の事故

次は役所の関わりはなかったかも知れぬ事件だが、技術・技能の伝承の難しさを考える例を示してみる。

それは、瀬戸内のとある企業の話だが、陸にある工場と海上の小島の工場との間に海底トンネルを通して連絡を有利にしようとのことで、トンネル工事が始まった。シールド工法だったらしいが、先に一本完工させていた。

二本目をどれほどか掘り進めたところ、突然機械が停止してしまった。作業員は対処の指示を得るために指令所へ戻り、指令員と現場へ戻る途中、掘削部上面が崩落して流入した海水により両者共、また他にも数名が亡くなってしまったという事故だ。

作業員の一人は、その前の休日に帰宅した時、「今回の現場は出水がひどい」と家族に語っていたとか。しかし、それを現場関係者に伝えていたのだろうか。

指令員には伝えたのだろうか。もし伝えていたとしたら、関係者・指令員はそれをどう捉え、どう理解し、判断したのだろうか。

出水現象は地盤の様子を明示していて、極めて危険であり、なんらかの対策をしてから作業を再び進めるべきであることを示している。しかし、その判断はされなかった。結果、掘削に伴ってトンネルは海水により崩壊し始め、その土砂が掘削部に流入して過負荷状態をもたらし、そのために機械が停止したのだろう。やがて崩壊は流入海水によって拡大し、一気の流入が発生。そして犠牲者が生まれた。

おそらく、出水が確認でき、濁り、水量が増えていくという変化があったはずだが、それを看視する人員を配置していなかった。重要な安全策を欠いていたのだ。また作業員たち自身が、なんらかの異常に気づくことができなかったのかどうか……。出水の異常は、そもそも安全に完工させる上での最重要留意事項のはずであるから、それに気づくために必要な準備・訓練などは工事開始以前に行っていたのではないかと思われるが、それが全く役立たなかったということである。日本では海底トンネルなどで数多くの出水事故を経験していて、関連知識や技術などの蓄積が豊富なはずであり、その伝承努力もされていたはずであろうにもかかわらずの不幸な事故であった。

おそらく、一本目を無事に完成させられたことが、海底地盤への思考・判断に甘さを生ませ、取り組みに油断を生ませたのだろう。「大丈夫なはずだ」という立場に立ってしまい、疑う心を損なわせた。〝危険への体験〟が欠如することの危うさであり、知識伝承の難しさである。

繰り返される事故の根本原因

同様の理由による事故例を挙げて、さらにその重要性を示したい。

それは、ある企業のコークス炉が停止中に出火した事故だ。問題とするのは、事故後にその検証をし、マニュアルを改めつつ作業員を再教育、再訓練をして炉を稼動させたが、再び事故を生じたということだ。そしてそれは、一年ほどの短期間に数度繰り返されてしまった。おそらくベテランが詳細なマニュアルを作成して、作業員たちに詳細な説明をし、厳格な訓練を行った上での再稼働であろう。でも、事故は再発したのである。

ここで私が言いたいことは、知識でも技術・技能でも、マニュアルや説明によっての〝教育〟だけでは、伝えたいこと、伝えるべきことを相手にそっくり伝えることはできないということだ。〝技術〟には文字にも言葉によっても表しきれない重要な内容が数多くあり、体得が不可欠なのだ。

体験の必要性・有効性を示す例を挙げてみよう。それは、日本の伝統工芸の一つである「刀鍛冶」だ。

まず、鉄を溶解せぬままに精練する技術があり、鍛接《たんせつ》という、軟鋼刀身に刃物鋼をくっ付けるなどの異なる金属材を接合させる技術や、侵炭《しんたん》焼入れという、切り刃を硬くして折れにくい刀とする工法などの創出があった。いずれの技術も、試行錯誤の繰り返しと、その過程と結果の比較から案出された、刀鍛冶本人限定の知識の結晶である。

もちろん、今日では必備の各種センサーなどの機械類は存在しない時代のこと、自らの五感が時計を含めた必要計器に相当し、全てが五感による作業だ。想像力・洞察力・判断力・観察力が総動員される。はたから見ているだけでは、その理屈は不明だが、刀は確実に作り上げられる。説明不能なので、弟子は聞くべきことを聞いて知ることができない。師匠は「見て盗め」と言うほかなく、弟子には見せて感じ取らせ、自ら悟る以外ない、とした。そして弟子は、師匠の〝様子〟を真似し、想像し、試行錯誤をして結果を出し、師匠と比較して知識を得ていった。

こうした技術の伝承は、昔も今も根本は全く同じである。理由は、人は自分が体験していないことに気づいたり、考えたり、想像したり、予測したりすることが難しいからだ。それは学校の授業の様子にも表れている。かつては具体例を引用すれば子供たちは容易に納得したが、今日は子供たちに〝体験・経験〟が少なくなっているため、それがほぼ不可能となっている。

海音寺潮五郎氏の小説『孫子』にも、それを表現している以下のようなエピソードが描かれている。

孔子と同時代、斉の孫武（孫子）は、周辺の数多い戦争を調査研究して十三篇の兵法書にまとめ、その優れた能力を買われて大活躍した。その孫武の子孫である孫臏《そんぴん》と、孫武の兵法書を学びたいと訪ねてきた龐涓《ほうけん》が親友となり、やがて共に優れた兵法者に育った。龐涓は優れた知識によって将軍として召し抱えられて活躍したが、やがて苦戦に陥った。それを伝え聞いた孫臏は匿名で秘策を伝え、龐涓を勝利へ導いた。しかし、その戦勝祝いに出向いた孫臏は歓待に酩酊し、つい秘密をバラしてしまい、二人は敵対することに。だが、純理論家の龐涓に対し、孫臏は子供時代に自然の中から豊富な知識を体得していたため、同じ理論でも、現場に合わせて自在に活用して展開できたので、結果は初めから明らか。龐涓は能力・資質の欠如により敗れ去った……。

「教科書」というものは、先人が自然や人の生活に関して、体験して知り悟った事柄を体系的・系統的にまとめたり、事実（と思われること）を法則や理論としてまとめたものを著わしたものだ。それを子供たちは学校で学ぶ。

その場合、その内容をすぐに「なるほど」と理解できることもあるが、多くは「どういうこと？」と理解できない。そうした場合、それに関連した物事についての経験があると、それを手がかりにすると理解でき、しかも、関連する周辺の事柄をもつなげて理解できるため、応用力となし得る。

子供の時代に様々な場で思う存分に活動し、多様な物事を知ることができる経験は、昔も今も変わらず、勉学においても人生においても有利であり、必須のことと言えるのだ、ということを強く記しておきたい。

学校は子供が異能、異材、偉才に成長する場

かつては、「他人は他人、俺は俺」と独立独歩を行くのが〝男〟だと言った。そして「男心に男が惚れる」とも言って、周囲の男たちから心酔される男がいた。今日はどうであろうか。

社会が平和で豊かだった時期は、高度成長で求人増となり、真面目でおとなしく、従順にして目立たず、可もなく不可もない、出る杭は打たれるから出ないようにし、成績優秀で高学歴を手にすれば、あとは自ずと道が開けて安泰が得られる、と言われていた。そして、高学歴を手にするためには、幼稚園や小学校の頃から評判の学校に入り、評判の塾の指導を受けるのが有利であるとされ、それが社会の常識とされてきたし、今もそうである。週刊誌の中にはそうした記事を目玉の一つにするものがあり、塾は実績を誇って宣伝をする。その広告には、「何

で私が○○大へ？　どうして私が○○学部へ？」といった言葉が堂々と載せてある。

「○○塾の先生方、ご指導ありがとうございました」ということなのだが、私としては「指導に頼る考え方」が大変に気になるし、「人の指示に従えば上手くゆくよ」とする手法が、特定の少数者を対象とするならともかく、随分な数の人々、それも事によると社会の最上位を占めて活躍しようという人々に対してであるとすれば、その人々の資質がその指導によって、的確に成長する機会を逆に奪われ、成長発達を妨げられることにならないかと、大変に心配になる。

大学が個々に入試を行っていた時代は、旺文社の『傾向と対策』を参考に、三当四落（三時間睡眠で勉強すれば受かるが、四時間寝ると不合格）と言って自己責任で臨んだから、覚悟が不可欠で能力相応の結果となった。また難問奇問を非難する傾向もあるが、思考・発想を豊かにさせるという意味で、入試はそうあるべきとも言える。特に研究者では常識を否定する立場からの思考が不可欠であり、思考力の豊かさを問うには奇問もあり得る。

勉学を大学入試が暗記型にさせた結果か、前項で詳しく述べたように、このところ思考力不全が関係すると考えられる事態や事件が多くなっている。思考力だけでなく、人間性や人としての資質に問題があることも相まっての事件だ。

また、最近は「真摯」「丁寧」「理解を得る」といった言葉を実によく耳にする。さらに、「同じことを聞かれれば、同じことを言うのは当然」とも聞く。これは、説明が的確かつ明確にされていれば不要な言葉であり、同じことを問われるのは、答えている側の説明が不的確・不明確であって、答えるべきものを答えていないからだ。「同じことを聞かれれば」という受け取りは、言い逃れか、自分の答の不足部分を理解できていないためか、はぐらかし、あるいはごまかし、いずれにしても答えるべき肝心なことを全く明らかにしていないということなのだ。

沖縄の米軍基地建設のための辺野古の埋め立てでは、大深度軟弱地盤に砂の柱を形成させて支持力を確保するから実用にできると政府は言う。地震は絶対に生じないと保証できるのだろうか。砂の柱は静荷重（構造物に加わる荷重のうち、時間的に変化しない一定の荷重）にはともかく、剛性はない。言ってみれば豆腐の上に板を載せるに等しく、揺さぶられれば崩れ、砂の柱はそれを支えられない。それをそっくり取り除いて、線路の砕石同様のものか、砕礫岩に入れ替えれば実用化可能だが、その下の地層がどのような状態になっているのか……。責任感を備える政権に採れる移転先ではあり得ない。それでも米軍が辺野古だと言うのであれば、その費用は全額米国に負担させねばならない。〝当たり前〟といった程度では収まらぬ事柄は、それを必要とする者が負うのが当然であり、そのように交渉する責任は政府が負うべきであろう。

先日、防衛大臣は陸上配備型迎撃ミサイルシステム「イージス・アショア」を二つの県に配備する計画を中止した。米国の安全には〝残念〟と言われただろうが、〝新〟日米安保の下での安全には妥当なことだ。仮に北朝鮮が米国に強い要求を突きつけ、米国が応じないで北朝鮮が苛立った時、交渉の席へつかせようと、場合によっては北朝鮮から日本（米基地を外し、大阪、名古屋など）への一発攻撃を行い、それでも応じなければさらに日本攻撃を行うだろうということで配備が進められたのだろうが、〝あれ〟は置かぬ方が安全だろうと私のような素人は考えていた。また、そもそもそのような事態に至らせぬ外交をこそするべきだ。

北朝鮮と米国は、せっかく両国のトップが直接会談する機会を設けながら、成果を得るまでの努力をしなかった。それぞれに〝口実〟を述べたが、解決させられないものではなかったのではないだろうか。また、日本は拉致問題打開の機会にできたのではなかったか。

素人のいい加減な物言いを敢えてすれば、日本も北朝鮮の核開発問題で、国際的な経済制裁に加わっているが、北朝鮮は米国にその解除を要求している。北朝鮮がなぜ核開発を進めるかと言えば、体制維持が目的であり、その手段として米国の脅威を言い、その防衛には強力な軍事力、特に米国を直接攻撃できる核戦力が不可欠だとして国内を引き締める必要がある、ということだろう。多分、膨大な経費を必要とする核や長距離ロケットなどは本来なら手がけたくないのだろうが、それを中止・廃棄とするには〝相応の成果〟を引き出して見せ、〝実力〟を国民に見せつけねばならないのだろう。広大な米国に対抗できないことは承知の上で、弱みを見せるわけにはいかないのだろう。従って、米国（日本を含む国際社会が一致して行っている制裁だが）に対し、日本としては、「大したものだ、恐れ入りました」と言ってもらう方法を採り得たはずだ。米国は自らが折れねばならぬ弱みなぞ皆無であり、簡単に応じることはしないにしても、そう言うだけのこと。面子を捨てることは大国の大国たる証しであり、損をする話ではないはずで、もし説得に成功していれば……とその効果を考えると、日本が傍観して過ごしたことに対して、私はこの上なく残念に思うのだが、皆さんはいかがだろうか。

随分前のことにはなるが、「教えてくれない、わからせてくれない、駄目な先生」という話があり、「生徒がわかるまで教えろ、わかるように教えろ」という指示があったらしい。また、「生徒ができないのは指導が悪い、下手だからだ、やらせないからだ」などと、教師が批判されていたらしい時期があった。今はどうなのだろうか。それと同じ頃、とある下請け企業に、ある大企業の設計部から、「こういうものを造りたいが、どうすればいいかわからない。説明するから造ってくれ」という連絡が来た。そこで出向いて確認をし、必要な図面を作り、製品と共に後日届けた、という話を聞いた。

大企業は高名大学からの優秀者で固めているのだが〝できないこと〟があり、吹けば飛ぶような零細企業には、大企業の優秀者ができないことをやってのける能力者がいる（場合がある）。机上の勉学のみの成績を見て優秀だとしている今の判定法では、必要な実力は測れないのだ。それがこの三十年ほど、大企業で新規の製品開発ができていない理由だろう。

さらに問題なのは、かの高度成長期に多くの工業製品で競争が激化して、日本はその競争に勝ち、その後の買い替え市場での価格競争に勝つ方法として、日本式合理化が生まれ、そして改良・改善の考え・手法が広く活用されて、それなりの成果を挙げた。それ自体は素晴らしいものだが、その思考がすでに存在している〝対象物〟に対してだけであるために、これまでにない全く新規の何かを考え出そうという思考を遠ざける結果をもたらしたのではないだろうか、ということだ。それが新規の製品を開発するに、誕生はさせることはできても、様々な目標を達成し〝完成〟という段階にまで到達させるのには長い年月を必要とさせているのではないか。新規品開発の手法は、まず〝目的の物〟を実現させること。そのための必要条件・十分条件を満たす製品を造ることだ。そして目的（目標）を満たしているかを確認する。あとは改良・改善である。

そうしたことを示す好例に、自動車会社のマツダが開発を成功させた件がある。それはドイツのヴァンケル氏の発明品だが製品化できず、あとを継いだGMもやはり断念したロータリーエンジンである。ほとんどの自動車に使われているレシプロエンジンは、円筒シリンダー内を円筒のピストンが動く構造のため、精密加工ができて、ピストンリングによりガス洩れをほぼゼロにできる。しかし、楕円形の中でおにぎりのような三角形のローターが回転するロータリーエンジンでは、洩れ止めが難しく、不可能とされていたのだ。マツダは、それは加工精度、加工の正確度が原因であると考え、加工機械を格段に進化させ、加工のありようを改善させた。そして見事に実用化に成功したのである。洩れは条件であり、根本問題ではない、条件は改善・改良ができるものであること、即ち、条件をもって〝不可〟としてはならないということを証明したのだ。このロータリーエンジンを登載した車の走行性能は実に素晴らしいものだったようだが、残念ながら燃費が良くないということで需要は伸びず、短命で終わってしまった。燃費改善に工夫はできなかったのだろうか。もったいないことだ。

以上様々な例を挙げてきたが、そこに示したのは、物事の本質・根本を考え、的確に捉えた上で、大所高所から思考を重ね、様々に洞察し、判断して、念には念を入れて万一にも思考に欠ける部分がないように取り組める人物に育つことが大切である、ということだ。

そしてそれは、暗記型の勉学、また試験対策式の勉学では伸ばすことのできない資質であり、そうした資質を伸ばすには、子供時代に遊び心を十分に発達させる必要があるということ。学校は、学びがこの上なく面白く、楽しく、喜びに満ちて行える場でなければならないということである。

何事も、楽しく喜びに満ちた気持ちで取り組むことができると、創意工夫を豊かに活発にさせる。学童生徒が素直に「楽しい」と言える学校であって欲しいものである。

子供の理想的な成長を阻害する現代社会

子供（成人も全く同様だが）は、気がつき、考えたことを思う存分に実行して満足感・達成感を味わえば、考え方や気分がより積極的に、意欲的になれるものであり、心豊かで抱擁力豊かな性格が発達する。就学前に大自然の中で、そして実社会の中で、様々な機会や場を得て多様な体験を重ねれば、様々な気づきの中で何か目標を見出してくれる可能性がある。

また幼児期から、かなり年齢差のある子供たちが一緒になって遊び、あるいは一緒に様々な活動を思う存分にできて成長すれば、人を知り、共同し協力することの意義・意味、そして威力を体得してくれる。己の目標と自身の資質、どのような友を得るべきかということにも気づき、考える基本を体得してくれる可能性がある。

そのような成長をしている段階で就学し、新しい知識と出合えば、珍しさ、面白さ、そして嬉しさなどを感じ、知りたい意欲を発揮させられる可能性がある。

明治政府が学校制度を制定した折、関係者は子供たちに対してそのような考えで臨んでいたのではないかと想像する。その場合の「教育」の二文字は「教え、育てる」という意味になるが、愚考は〝本人が〟「教わり、育つ」ようにされることであると解釈する。後者は「〝人的災害〟と言える事故の数々」の項で述べた、『孫子』の中の孫臏《そんぴん》の学び方である。そうでないと、現代のマニュアル社会の中で埋もれてしまい、事故回避の役にも立てず、「読めども読めず、聞けども聞こえず、見れども見えず」となってしまう。

ところが、高度成長期頃に、「実際体験は勉学の邪魔だからさせるな。それより試験勉強を」との声によって、大人が子供たちから様々な体験を取り上げてしまい、以来今日までその重要性や必要性が論じられずにきた。他方、国立大学も入試はそれぞれに行っていたが、同時期頃、産業界からの「全大学に序列がつくようにせよ」との申し入れがあり、統一テスト方式が採用された。関連して高校入試では「十五歳の春は泣かせない」という口実の要求が出され、三者面談方式とそれに伴う業者テスト方式、そして偏差値選別方式が始まった。

それらは塾の利用を当たり前化させ、子供たちの生活にゆとりを失わせた。幼稚園は教育機関だとされ、本来あるべき機能を捨て〝教える場〟となった。それらの事情が、「実力の伴わない学卒」と、自らが原因の一部を担ったことを棚に上げて批判する結果も生んだ。「常識を欠く」と言わねばならぬ環境を、そう仕向ける愚行を主張したのにである。

いずれにせよ、平成に変わった頃から、大学の授業ですら生徒たちに実例を挙げて説明し納得を得ることが不可能になった。以後は暗記させることしかできず、「教えてくれない、わからせてくれない」「わからないのは、生徒たちに理解させることができない教員の力不足だ」と平然と主張する事態となった。

一方、文部科学省は〝学力アップ〟を掲げて授業内容を拡充させる立場をとったが、〝ゆとりの必要〟が言われるようになり、やがて「ゆとり教育」が施行された。そして残念ながら、授業減量反対派の策略か、単に〝削減〟だけを行って、生じた時間をどうするかは放任とした。結果は、「子供たちの学力を損なわせた」という判定となり、二〇〇二年から実施された「ゆとり教育」は方向転換し、「脱ゆとり教育」が二〇一一年から施行となった。

ゆとり教育が威力を発揮するには、そのための子供たちへの〝手当て〟を的確に行わなければならないにもかかわらず、単に学習量を削減しただけであり、結果、駄目だったと〝総括（？）〟したのは、日本の文部科学省らしい結末のつけ方だったが、事実、どうしたらいいのか、何をどうするべきかわからず、助言者もいなかったのではないかと想像する。

そしてまた現在は、学ばせ方を改め、増量もしつつ理解をしてもらおうということになっているが、果たしてどうなるのであろうか。前述したように、子供たちが幼い頃からの様々な実体験によって豊富な知識を得ていれば容易なことが、それなしには難しく、不可能だと言える場合もあり得るのだ。授業で無理を強いるようなことは好ましくないのではないか。

既に、勉学には人的資質が大きく関わることを示したが、人的資質は乳幼児期に物事への関心度がしっかり発達し、併せて珍しがり知りたがるなどの感覚と、それに伴う行動意欲が発達すると、自主性・主体性と協和行動の意識が高まる。地域で、大自然や実社会で生活し、多様な人々と活動を共にするなどすると、人は青年期頃までに人的資質をその活動に応じた規模で進化成長させる。しかし、今日はそれがほぼ不可能にされている。

そうであるならば、学校はそれらに代わり、人と相互研鑽し合って成長する機会や場とされるべきなのだが、そうした考えは今日この国にはないらしい。それどころか、学校に政治や思想関係の活動・関連行事を持ち込んではならぬとする有様である。

何十年か前の学園闘争や一部の全学連などを考えてのことかも知れないが、まともな成長をした人間は、自我が成長し、責任感が発達し、己の目的意識などの成長と共に天下国家のことを考え、論じ、身の周りや社会の様々な事柄に強い関心を抱き、時に悲憤慷慨し、好ましくないことを正そうとするのが当然である。むしろ青年期にはそのように行動し、思う存分活動して、正しく成長してもらうことが、本来の考えであるべきだろう。場合によっては〝好ましくない存在〟に成長してしまうことがないとは言えないが、人は好敵手を得てこそ一層の成長をするものであり、それは社会をより良くするためには不可欠な指導者群の輩出に必要なことである。

社会が必要とする人材を育たなくしてきた結果、今日は悲惨な状態に陥ってしまった。もっとも、すでにそうした人々が動かしている社会では、自らそれに気づくことは困難で「自ら進んで自らを正す」ことは難しい。

以上、学校と学校教育を取り巻く事情や情況を記したが、それでもそもそも学校には自治権があるはずなのである。それ故に、何十年か前までは、各地に名物校長とか大校長と評される人々がいて、それらの学校は国を代表するような人々を輩出した。しかし、今日そうした話は聞けない。

有名校長の代表例は、北海道大学の前身である札幌農学校の初代教頭クラーク博士だろう（校長は別にいたが、クラーク博士が事実上の校長であった）。わずか八ヶ月ほどの在任期間にもかかわらず、退任するに当たって生徒たちに、「少年よ大志を抱け」との薫陶を残され、札幌農学校からは優秀な人材が輩出された。

クラーク博士はどのような〝教育〟をされたのだろう。普通の者が同じ言葉を口にしても、良い人材に育ってくれる効果、威力を持つものにはならないだろう。理論を読み、書き、語って学ぶのではなく、実際に体験して自ら知識として体得できた時にこそ、それを「理解した」と言うのであり、また、理解して初めてそれを活用できるのだ、という〝学ぶ〟ということの真の意味を、クラーク博士は生徒たちに伝えられた。八ヶ月ほどの間にそれが伝わったと確信して任務終了とされたのだろうと想像するが、その〝確信〟を、教え子たちはしっかりと証明する活躍をされたのだ。

今日そうした教育は、どれほど行われているだろうか。文科省は毎年、全小中学校を対象に学力試験（全国学力・学習状況調査。小学校六年生、中学校三年生が対象）を課しているが、何を目的にしているのであろうか。そしてその学力試験は、どのような面にどのような効果を現しているのであろうか。またその効果は、子供たちが社会人になった時にどう示されているであろうか……。

そもそも学力試験（比較用）を考えるとすれば、その目的は、まずは授業のあり方や教材などの適否判断（判定）であろう。学力と学童生徒の事情や環境などとの関係がどんな風に現れるか否か、また事情によらずに良好な学力結果を得るにはどうするか、などを試行錯誤して探り、改善を図る。それで最良と考えられる〝かたち〟が定まれば、その確認作業をする。そしてそれを、七年とか十年間隔で、時間経過による改変の必要の有無を確認する——といった手法を採るべきものだろう。

ところが現状のように特定科目（国語、算数・数学、英語）について全国の全学校に一様に課しているのは、「実験実施」それ自体が目的のものと言わざるを得ない。また今年度（二〇二〇年）からは小学校で英語を必修としたが（三・四年生で必修。五・六年生で科目）、果たして子供たち全員に必修だとする必要があるのだろうか。今日では翻訳機やスマホの翻訳アプリという便利な道具があるので、例えば海外旅行や道案内などの時の簡単な英会話程度で済む人々には無用のことなのではないだろうか。

今日では、そのような便利な道具をより十分な機能のものに進化させることに努力するべきであろう。観光立国を言う時代、それは日本人にとって英語の問題だけではなくなるわけであり、道具のほうが多言語能力を備えることから、その対応言語の国の人々への貢献にもなる。ならば、それを進化させるのは〝義務〟と言えるのではないだろうか。

また、幼い頃から英語を学ぶことで、かえって日本文化に疎くなり、日本語がまともに使えないということになったら、本末転倒だと言わねばならないだろう。

学力向上や理解力向上を言うには、その前提となる、勉学に取り組む〝場の雰囲気〟を良好なものにすることに心を砕くべきではないか。学校には昔から「いじめが皆無」ということはなかったかも知れない。しかしこの何十年かのように、全国の多くの学校にかなり高率で、それも常態化した様子で、その上教員までもが関わっていじめがされ、それに伴って不登校や引きこもり、果ては自殺者をも発生させる状態は、高度成長期頃以降から起こり始めたことではなかったか。そして、それが減少していく方向に向かうのではなく、どんどん増加して今日に至っている。

しかも、いじめは学校でのこと、子供時代のことに限ったわけではなく、社会人や親になった〝大人〟と評されるべき年代の人々によっても行われる社会になっている。二十歳を過ぎて四十歳、五十歳となったから〝大人〟なのだろうか。随分前のことだが、年齢的には中高年に達しながら人としては〝子供〟な人を指し、〝おども〟と呼んでいたことがあったようだが、前述したように、今日のこの社会では人的資質が成長させられないまま成人化してしまう情況なのだ。それが社会としてどれほど危ういことかを認識できない社会だということだ。そもそも国が、政府が、これを重大事態だとしていないようだが、認識する能力を持っていないのだろう。

今の学校で生じているいじめの原因は、発生し始めから指摘がされていたらしい。過当競争が始まって、学校での三者面談時に〝業者テスト〟の成績を手にした教師から、「○○校が目標とのことでしたが、これでは無理ではないでしょうか」と圧力をかけられた保護者たちが、子供のために良かれと考えて始めた過剰干渉と目標達成への重圧。またその期待へ応えねばとの圧迫感などが子供たちの心を歪ませ、悪心を生じさせる——その辺りに他者をいじめてしまう原因がある。いじめは親や学校・社会が生み出しているのだ。

幼少期に好適な生活をして育ち、円満な心の持ち主となり、そのまま就学して、意欲的に勉学に、学校生活に取り組めていれば、他人の心身を傷つけてストレスを発散し、鬱憤晴らしをするといういじめ行為に、喜びや楽しさを感じるなどの哀れな心を抱かせることはないはずなのだ。

ご褒美付きで勉強をさせ、子供が良い子を演ずる姿を、「親の思いどおりに成長してくれている」と思い込み、要領のいい善悪二面と言える心根の人間を造り上げる愚を是正させるべきものを、「でも〝成績〟は良好だから」と放置する学校のありようは、国の将来を危うくするとは捉えないのだろうか。

そうした要領のいい人々は、今の情況下では偏差値の高い大学を優れた成績で卒業し、高級官僚になるかも知れない。可能性の話だが、そうなった場合、社会はどうなるだろうか……。既にそういうことになっているのかも知れぬ。

子供たちの学力向上を考え、「より十分な理解をさせたい」と考えるのであれば、学校がいじめをする者の発生を止めることだ。子供自身が、学校で学ぶ必要を自覚していて、自律的・自主的・意欲的に日々思う存分様々な活動をして生活してこそ、思考力は活発に働くのではないかと思う。目を輝かせながら思いついたことを何でも思う存分にやってみて、とんでもない体験（と言われるような体験）を含めて経験することが〝深い理解〟を可能にするのだ。

例えば、とんでもない悪戯と言われる行為を経験していれば、道徳に学問として取り組んだ時、必然的に様々な事柄について的確な考えや判断をすることが可能になる。授業の有効性が現れる。逆にそれを全く体験していなければ、他人の気持ちを考えたり、相手の立場に立って想像するということがほとんどできず、理解し、納得できることにはならない。「ふーん、そうなんだ」という程度の受け取りがされるに留まり、知識を持ってはいるが、〝身についた〟ということにまではならないのである。

最近はよく学校へ苦情、クレームが寄せられ、都度、校長が生徒への禁止や抑制に動くらしい話を耳にするが、校長は優れた人物を育成し、輩出することが仕事である。学校や親から抑えつけられて縮こまってしまい、可もなければ不可もない、特技も特徴も備えない、指導性も社会性もなく、意欲的でもない人々ばかりをつくり出すことは、当の本人たちはもちろん、郷土、ひいては国家社会の期待や要望に反しており、社会を衰退させる悪行だと言える。学校にクレームを呈する人々も、それに応ずる学校や教育委員会も文科省も、反社会行為をしてきたことになる。

以上、およそのことは示したが、関連する重要事項を加えてみる。

どれほど前になるか、新婚旅行に母親が付き添い、旅行中の様々な煩雑事項の手伝いをする例が報じられ話題を呼んだが、同類のことが今日むしろ当然のように行われているらしい。それは就活（学生の就職活動）や入社式への親の参加である。それが問題と考えるのは、就職した本人が自身の実力、資質を自覚しているのだろうか？　と疑うからである。どのような機会や場で、どのような体験をどのようにしてきたのだろうか。その企業を選んだのは、何か目標もあってのことだろう。そして、評価の対象にされ得る資質は、何でどのように、どれほどに成長させられていると自覚するか。

かつて耳にした例を紹介すると、「自薦で応募し面接に臨んだところ、『君の大学でこの成績なのに、よく我が社へ応募したね』と言われ、黙ってその面接者をぶん殴って帰ってきたが、一週間ほどして合格通知が来た」という話である。学生もだが、殴られた部長も言うべきことを言い、理解するべきを理解する資質を備えていたのだと思う。

また他にはこんな話もある。ある学生が、成績では低位ながら成績に表わされない実力を備えるその学生の特性を、きちんと評価する推薦書を手に応募しようとしたところ、仲介を依頼した方から、「この成績では無理だろう」と言われたものの採用となり、就職後は事実、活躍し、一年ほどして上司と東京出張を命ぜられ、経理の窓口へ行ったところ、「あなた凄いね、入社一年目で東京出張が一泊付きは会社初だよ」と言われたとか。ちょうどコンピュータ処理システム化が進む頃で、彼はその導入で活躍したらしい。

これらの話は、試験での成績は試験問題がどのようなものかによっては、真の実力を示すものにはならないことが関係していたかも知れない。

今日は資格社会だが、その合否、採否は試験の成績によるらしい。しかも一点差で合格・不合格が判別される。そんな資格にどれほどの意義があるのだろうか。資格によっては試験の成績（多分ほとんどは暗記の量とその質を問うもので、理解度、理解の正確さなどを問うものでない）で判定することが適切でない場合があるだろうが、どうなのであろうか。資格によっては人的資質がより重要とされるべき場合があるだろうし、知的資質と人的資質の双方を評価するべき場合があると思うが、その場合、形式的な、例えば面接時の印象などの判断を資料にして済ませているのではないかと想像される。

そして、人的資質の低下に起因すると思われる事件・事故が起こっているのは、先に述べたとおりである。しかし、事件・事故の処理や対応のありようなどは論ぜられても、肝心な、そして根本事項への思考はされず、議論はされないらしい。

どのような問題も同じだが、根本の部分を正さねば、事件も事故も削減させられず、なくすことはできない。

それが常識であろうに、今日はなぜかそのように進められないのだ。それは民力劣化の現れなのだろうか。そう言わねばならぬようだ。

以上、今日この社会に現れ、起こされている様々な問題を指摘してみたが、果たして読者の皆さんにどう受け取られ、どう理解され、認識していただけるか。そしてなんらかの反応、行為を現していただけるか、いささか心にかかる。

生かしていただいている以上、自分のことは棚に上げてのことではあるが、気づいて改めるべきだと思うことを明確に示し、改善や検討をするべきと提案するなどは、今を生きる者の責務かと考え、浅学非才の門外漢ながら、敢えて記述した次第である。なんらかのお役に立つものとなれば幸甚である。

あとがき

人は欲を発達させ、欲によって様々な能力を進化させ、発達させて今日の〝人〟に至った。人は皆、等しく様々な能力を備えられるはずだが、その成長・発達の様子や程度は個々それぞれで、かなり異なる。

その違いはほとんど後天的なもので、誕生から十～十五年ほどの間の日々の生活のありよう、日々の活動のありようによるらしいことを記してきた。

かつては地域に、子供が人として成長し発達するのに必要で有効な機能が備わっていたが、今日はほとんど失われてしまった。人としての成長は肉体と共に自然に進むというものではないため、近年は成長不全で、社会人となった人々が関わる様々な問題発生が頻発するようになった。社会情勢の変化に、特に子供が人として成長するのに不可欠な条件が失われていることに的確に対処するべきものを、国が放置をした結果である。せめて今を底として改善を図らねばならない。そのことは理解していただけたであろうか。

まずは子供たちに、夢や目標を抱き、それに向かって日々生活するようになってもらうことだ。即ち、現在大活躍中の人々の話が聴ける機会を設けることだ。「子供だからわからないだろう」では失礼な話だ。知ろう、わかろうとする意欲が高まることが大切なのだ。あとで子供の口から疑問やなんらかの話題が出たとすれば、大成功である。話の理解も大切だが、そこから受ける〝雰囲気〟がより大切であり、「私も〇〇を目標に頑張る！」などと言う子供が増えて、それが毎年続けば、地域全体が進化する。

人の世は変化する環境の下にあり、突発的大変化もあり得る。そうした場合に的確に対処できる能力が不可欠である。しかし、せっかくそのような能力が社会に存在していても、それを活かせない場合があり、今日は真にそれである。権力が責任を自覚していればいいが、真に負うべき責任が何かがわからなければ、とんでもないことになる。

今、特に考えなければならぬのは、首都直下地震、それに線状降水帯、あるいは超巨大台風の列島直撃での河川氾濫のことである。河川氾濫は場所によっては五〜六メートルとかそれ以上の浸水も警告されているようで、それが現実に起これればどうなるか。無事な間に根本策を講じなければならない。平野の河川は川幅を二倍にも拡げる以外に安全化はなく、住民は自ら声を挙げ、行政を突き動かして安全化に努めるべきだが、そうはせず「じっと座して死を待つ」立場をとられるのだろうか。選挙への無関心と同様、社会に対してもだが、それ以上に自身に対して無責任ではないか。「誰かがやってくれるだろう」では良い世の中にできず、良い生活ができない。

それは、この何十年かの社会傾向である子供への過干渉、進路指導、就職指導などなどがもたらした日本人（少ないとは言えない一部の人々）の一態様だろう。そしてその根本は〝学校〟にあり、学校を（試験の）成績偏重の機関としたことにある。

校長は説教をし、ルールや約束事をとやかく言うなどするのでなく、夢を語り、学童生徒が言わずして自律的に活動し成長をしてくれるように、感化する存在になるべきであり、それには、尊敬され、人生の目標とされるような存在であることだ。

学童生徒が意欲的に思う存分な活動をすれば、大失敗なども数多く体験させ得る。その一つ一つに丁寧に、かつ適切に対応して様々を学んでもらえば、やがて見違えるような成長をしてくれる。それが何年も続けば伝統校として効果するだろう。訓練の効果はやがて、「これほどのことをして事故はないの？」というような効果——能力の進化——があり得るだろうし、それを〝教育〟と言うのではないかと思う。

学校の運営は、そのようであって欲しいものだ。

著者プロフィール

竹村 公彦（たけむら きみひこ）

昭和11年生まれ。

長野県飯田市出身。

昭和36年、名城大学卒業。以来、2003年3月まで同大学にて教鞭をとる。

著書に『子どもはこうして育てよう』（2002年）『かくて学校から人材が輩出する』（2005年）『ヒトが人になれた理由《わけ》』（2013年、すべて文芸社刊）がある。

学校の役割って何だっけ

2021年 1 月15日　初版第 1 刷発行

著　者　竹村 公彦
発行者　瓜谷 綱延
発行所　株式会社文芸社
〒160-0022 東京都新宿区新宿1－10－1
電話 03-5369-3060（代表）
03-5369-2299（販売）

印刷所　株式会社フクイン

ISBN978-4-286-22234-9